Todos los libros de Linkgua Ediciones cuentan con modelos de Inteligencia Artificial entrenados por hispanistas. Pregúntale al chat de tu libro lo que desees acerca de la obra o su autor/a.

Para ebooks: Accede a nuestro modelo de IA a través de este enlace.

Para libros impresos: Escanea el código QR de la portada con tu dispositivo móvil.

Obtén análisis detallados de nuestros libros, resúmenes, respuestas a tus preguntas y accede a nuestras ediciones críticas generativas para una experiencia de lectura más enriquecedora.
La transparencia y el respeto hacia la autoría de las fuentes utilizadas son distintivos básicos de nuestro proyecto. Por ello, las respuestas ofrecen, mediante un sistema de citas, las fuentes con las que han sido elaboradas.

Pedro Calderón de la Barca

El indulto general

Barcelona **2024**
Linkgua-ediciones.com

Créditos

Título original: El indulto general.

e-mail: info@linkgua.com

Diseño de cubierta: Michel Mallard.

ISBN tapa dura: 978-84-1126-032-9.
ISBN rústica: 978-84-9816-413-8.
ISBN ebook: 978-84-9897-235-1.

Sumario

Brevísima presentación

La vida

Pedro Calderón de la Barca (Madrid, 1600-Madrid, 1681). España.

Su padre era noble y escribano en el consejo de hacienda del rey. Se educó en el colegio imperial de los jesuitas y más tarde entró en las universidades de Alcalá y Salamanca, aunque no se sabe si llegó a graduarse.

Tuvo una juventud turbulenta. Incluso se le acusa de la muerte de algunos de sus enemigos. En 1621 se negó a ser sacerdote, y poco después, en 1623, empezó a escribir y estrenar obras de teatro. Escribió más de ciento veinte, otra docena larga en colaboración y alrededor de setenta autos sacramentales. Sus primeros estrenos fueron en corrales.

Lope de Vega elogió sus obras, pero en 1629 dejaron de ser amigos tras un extraño incidente: un hermano de Calderón fue agredido y, éste al perseguir al atacante, entró en un convento donde vivía como monja la hija de Lope. Nadie sabe qué pasó.

Entre 1635 y 1637, Calderón de la Barca fue nombrado caballero de la Orden de Santiago. Por entonces publicó veinticuatro comedias en dos volúmenes y *La vida es sueño* (1636), su obra más célebre. En la década siguiente vivió en Cataluña y, entre 1640 y 1642, combatió con las tropas castellanas. Sin embargo, su salud se quebrantó y abandonó la vida militar. Entre 1647 y 1649 la muerte de la reina y después la del príncipe heredero provocaron el cierre de los teatros, por lo que Calderón tuvo que limitarse a escribir autos sacramentales.

Calderón murió mientras trabajaba en una comedia dedicada a la reina María Luisa, mujer de Carlos II el Hechizado. Su hermano José, hombre pendenciero, fue uno de sus editores más fieles.

Personajes

La Culpa
Dimas
El Mundo
Gestas
Adán
Ángel
Caín
La Justicia
Abel
La Misericordia
David
El Príncipe
Salomón
La Esposa
Abrahán
Música
Acompañamiento

Acto único

(Dentro la Música y sale la Culpa como oyendo a lo lejos.)

Música — ¿Cuándo, Señor, será el día
de aquel gran prometimiento...

Culpa — «¿Cuándo, Señor, será el día
de aquel gran prometimiento...»

Música — ...en que cielo y tierra unidos...

Culpa — «...en que cielo y tierra unidos...»

Música — ...en admirable comercio...

Culpa — «...en admirable comercio...»

Música — ...el cielo en la tierra,
la tierra sea cielo?

Culpa — «...el cielo en la tierra,
la tierra sea cielo?»
¿Qué nuevo cántico es,
qué nuevo ritmo, qué nuevo
himno que, para que sea
nuevo hoy todo, dando al eco
en suavidades de canto
consonancias de lamento,
desde lo profundo clama
una y otra vez diciendo...»

Ella y música — ...que en admirable comercio
el cielo en la tierra

la tierra sea cielo?

Culpa

Pero, ¿qué me desconfía,
cante o llore, el día que preso
en la cárcel del pecado
al género humano tengo?
Cárcel del pecado dije,
no sin soberanos textos
que lo apoyen: a Isaías
le dio el Señor, sobre el pueblo,
autoridad de librar
a los que estaban de asiento,
en la cárcel de las nieblas;
Job dijo en sus sentimientos
que Dios le tenía ceñido
en la cárcel de sí mesmo;
cárcel espiritual, dijo
allá en su epístola Pedro;
y Juan en su Apocalipsis,
que el fiero Satán fue suelto
de la cárcel del abismo;
y pues, para que un concepto
pueda explicarse a dos luces,
no en vano asentado dejo
ser la cárcel el pecado,
su fábrica el universo,
el Mundo el alcaide suyo
y el género humano, el preso.
¿Qué mucho, siendo la Culpa
agente fiscal de reos,
que cuando él clama piedades
ella apellide tormentos?
¡Ah de la cárcel del Mundo!
¡Ah del pavoroso centro,

en que delincuentes yacen,
no solo cuantos nacieron,
porque nacieron, sino
cuantos por ser herederos
de aquel original crimen,
infestados se adurmieron
a la sombra de la muerte,
en el más profundo sueño
de la vida!

(Sale el Mundo.)

Mundo ¿A qué fin, Culpa,
hoy, de tu siempre severo
semblante, el ceño arrugado
tan segunda vez es ceño,
que de la hidra sobre hidra
cumplido tray el proverbio,
a estos calabozos llamas;
en cuyo lóbrego centro
todos, ya tú lo dijiste,
yacen, mayormente aquellos
que de culpas personales
han fabricado sus hierros,
sin excepción de personas
pues desde el cayado al cetro,
desde la toga al bastón
y desde el noble al plebeyo,
todos aherrojados viven
en mí? Dígalo el salterio
donde, en pública vindicta
de naciones y de pueblos,
afirma que se han de hallar
reyes y jueces a un tiempo

ligados de pies y manos
al grillo y cadena; y siendo
así, que están a mi cargo,
¿a qué fin, a decir vuelvo,
vienes hoy tan asustada?

Culpa

A fin de no sé qué acento,
solo de mí percebido,
que se ha escuchado allá dentro.
¿Cuándo el día será, clama,
que en admirable comercio
el cielo y la tierra unidos
él sea tierra y ella cielo?
Esta nueva entonación,
entre otras sombras y lejos,
de que misterioso está
el sacro volumen lleno,
por ser la más adecuada
al equívoco concepto
de que cielo y tierra se unan,
me ha traído al pensamiento
la visión de aquella escala
que, uniendo sus dos extremos,
por ella, ¡tiemblo al decirlo!,
iban bajando y subiendo
tropas de alados querubes,
significándome en ellos
al Hombre cuando subían,
cuando bajaban al Verbo.
Con esta aprehensión, ya sea
o pasmo o delirio, intento
cautelarme, para cuando
Dios, movido de su ruego,
cumpla el esperado día

de aquel gran prometimiento,
que el cántico de Habacú
les profetiza diciendo
que del Austro vendrá un rey,
que haciendo piadoso acuerdo
de su gran misericordia,
disuelva su captiverio.
Dirásme tú agora, ¡oh Mundo!,
¿cómo cautelar pretendo
mi temor, si de su grande
misericordia habla el mesmo
cántico? Y diréte yo
que, si en ese y otros versos
dice el texto que es su suma
misericordia en eterno,
también en sus versos dice
que visitará severo,
sin que su misericordia
se desaproveche en ellos,
con la vara y el azote,
la iniquidad del protervo.
Y siendo así, que no puede,
por ir, en rey tan excelso,
a más su misericordia
venir su justicia a menos,
¿quién duda que haya de hacer,
de su parte el Real Consejo
la visita general
de la Pascua del Cordero
el día que residencie
la cuenta de los talentos?
Conque, para prevenirme
a que halle en sus procesos
tan sustanciadas las causas,

los cargos tan manifiestos,
que conozca la justicia
sin misericordia de ellos,
vengo a requerir la lista
de los criminales pleitos
en que he de fiscalizar.
Y así, vamos recorriendo
las estancias para que
sea, cuando llegue el tiempo,
memoria de sus olvidos
el libro de mis acuerdos.

Mundo

Siendo tú la querellante
parte, a cuyo pedimiento
presos están (pues sin ti,
Culpa, no estuvieran presos),
y siendo yo el Mundo, que
en mi confianza los tengo,
mientras la muerte no traiga,
(ministro tuyo a quien dieron
vara de Corte tus iras),
de soltura el mandamiento,
para que del mundo salgan,
o ya al castigo, o ya al premio,
mal impedirte podré
ese reconocimiento
que hacer intentas. Aquel
que miras, campo desierto,
sin más población que chozas,
al Sol y al agua y al viento,
es el de Adán, donde habitan
él y sus hijos y nietos
en ley natural, ceñida
solamente a dos preceptos:

de amar a Dios más que a sí
y a todos como a sí mesmo;
pero, aunque suaves ambos,
como infestados nacieron,
del quebrantamiento de uno
pasó su quebrantamiento
a los dos; conque, mandadas
juntar las causas, se vieron
cómplices de inobediencias,
homicidios, adulterios,
robos y usuras; y, en fin,
idólatras sacrilegios;
bien, que no desconfiados
de que vendrá su remedio,
fiados en que arrepentido
Adán de su error primero,
con sus familias está
a todas horas diciendo:

(Ábrese el carro primero; se ven en él a Adán, Caín y Abel.)

Adán — Pequé, Señor, y aunque infinito ha sido...

Música — ...pequé, Señor, y aunque infinito ha sido...

Adán — ...por tu infinito objeto, mi pecado...

Música — ...por tu infinito objeto, mi pecado...

Adán — ...que temo en tu justicia ser perdido...

Música — ...que temo en tu justicia ser perdido...

Adán — ...espero en tu bondad ser perdonado.

Música ...espero en tu bondad ser perdonado.

Adán Todo el género humano, contraído...

Música Todo el género humano, contraído...

Adán ...en mi deuda, tras mí truje obligado.

Música ...en mi deuda, tras mí truje obligado.

Adán Duélate, que no puede mi delito...

Música Duélate, que no puede mi delito...

Adán ...lo infinito pagar sin lo infinito.

Música ...lo infinito pagar sin lo infinito.

Caín Inútilmente porfías,
pues no son más tus lamentos
que dar al mar lo llorado
y lo suspirado al viento.

Abel No digas eso, Caín,
que el llanto es llave del cielo,
y quien abre sus candados
también abrirá los nuestros.

Caín Eso será tarde, o nunca.

Adán Al humano entendimiento
no le toca saber más
de lo que le diga el tiempo;

aprovecharle le toca.
Y así, para que en provecho
nuestro resulten sus frutos,
valgámonos, hijos, de ellos.

(A Caín.) Tú, que dado a la labranza
de la tierra, cuyo aumento,
arrojándosele en granos,
vuelve en espigas el feudo,
ofrece a Dios sus primicias,
que es justo agradecimiento
el darle de ciento uno
pues Él da por uno ciento.

(A Abel.) Tú, que al pasto de las crías
más aplicado te veo
que a la labor de los campos,
de aquesos rebaños bellos,
que en océanos de nieve
cubren los prados amenos,
y en bruta esmeralda, Abel,
les dan de balde el sustento,
ríndele también a Dios
piadosos ofrecimientos,
que si en ésta son primicias
en otra edad serán diezmos.

Abel

De mis ganados, señor,
iré a escoger el cordero
que en ellos dé más sin mancha
su cándido vellón terso
para ofrecérselo a Dios
en sacrificio, creyendo
que símbolo, desde ahora,
de algún alto sacramento
a ser venga.

Caín
Si a eso va,
también yo en trigo te ofrezco
darle, señor, de mis mieses
algunas; pero las menos
granadas, que no he de darle,
costándome al Sol y al hielo
afanes de todo el año
a su destemplanza expuesto,
lo mejor, cuando lo habré
menester para mí mesmo.

[Vanse Caín y Abel.]

Adán
Id, pues, que yo quedaré
pidiendo a Dios sean acetos
uno y otro sacrificio
hasta que logre mi anhelo.

Él y música
Que el cielo en la tierra,
la tierra sea cielo.

Culpa
Dejemos la natural
ley en su estado primero,
que no quiero saber de ella
más de que, si en ella temo
ver que hay cordero inmolado,
también hay para consuelo
dañado trigo; con que,
si en uno y otro hay misterio,
también habrá en uno y otro
castigo a unos, si a otros premio.
Vamos, pues, más adelante,
Mundo.

Mundo

Si de mi primero
tránsito, primera edad
y primera ley, tan presto
pasar pretendes (en fe
de que en fantásticos cuerpos
de alegóricas figuras
no se da lugar ni tiempo)
hasta dar con la segunda
ley ven conmigo; y supuesto
que, en los cómputos del siglo,
fue de Adán a Noé el entero
círculo de la primera
edad del mundo, pasemos,
desde Noé hasta Abrahán
la segunda transcendiendo,
de Abrahán a Moisés. Vamos
a la tercera.

Culpa

Primero
di ¿por qué la edad segunda
pasas sin hacerme acuerdo
de qué presos hay en ella?

Mundo

Porque, en aquese intermedio
que hay desde Adán a Moisés,
se inundó todo el terreno
de la gran cárcel del Mundo,
conque no me quedó preso
en ella, puesto que todos
ya sentenciados salieron;
y así, por sentencia dada
en cosa juzgada, dejo
su edad aparte, y pasando

a que solo se eximieron
del diluvio ocho personas
en no sé qué retraimiento
que sobre mí elevó el agua
a las regiones del viento,
voy a que ellos fabricaron
segunda cárcel de nuevo
para la segunda ley,
que en los incultos desiertos
de Sinaí promulgó,
esculpida en mármol terso,
Moisés; conque en natural
y escrita, los dos preceptos,
a diez dilatados, vuelven
a ser los diez los dos mesmos.
En esta ley se labró
nuevo cuarto; y así vemos,
pasando desde Abrahán
a tercera edad, el tiempo
hasta David, suntuosos
edificios, y entre ellos
la gran torre de David,
donde siguiendo el concepto
de tu idea, también yace
entre sus gentes, diciendo:

(Ábrese el segundo carro, y se ven David y Salomón.)

David — Inmenso Dios, de mí te compadece...

Música — Inmenso Dios, de mí te compadece...

David — ...al verme envuelto en mi mortal discordia...

Música ...al verme envuelto en mi mortal discordia...

David ...no según que mi culpa lo merece...

Música ...no según que mi culpa lo merece...

David ...sino según tu gran misericordia...

Música ...sino según tu gran misericordia...

David ...y según el gran número que ofrece...

Música ...y según el gran número que ofrece...

David ...de conmiseraciones la concordia.

Música ...de conmiseraciones la concordia.

David De tu piedad, del libro de los días...

Música De tu piedad, del libro de los días...

David ...borra, Señor, iniquidades mías.

Música ...borra, Señor, iniquidades mías.

David Con amplia gracia, pues tu gracia ha sido
la viva fuente de inmortal pureza...

Música Con amplia gracia, pues tu gracia ha sido
la viva fuente de inmortal pureza...

David ...lava las manchas en que me ha tenido
el lodo vil de mi naturaleza...

Música

...lava las manchas en que me ha tenido
el lodo vil de mi naturaleza...

David

...no porque yo lo tengo merecido,
sino porque conozco mi flaqueza.

Música

...no porque yo lo tengo merecido,
sino porque conozco mi flaqueza.

David

Y confieso que siempre conjurado
va contra mí, conmigo mi pecado.

Música

Y confieso que siempre conjurado
va contra mí, conmigo mi pecado.

David

Pequé, Señor, pequé contra ti solo.

Culpa

Ve adelante, que no quiero
que encienda mi ira la blanda
voz de su arrepentimiento.

Mundo

Oye antes a Salomón.

Salomón

¿Hasta cuándo tus extremos
han de durar?

David

Hasta cuando
Dios se compadezca de ellos.

Salomón

Todos ese feliz día,
Señor, esperamos, pero
no llorando, sino dando
gracias; ¿no has dicho tú mesmo

que con alegría sirvamos
a Dios y que le alabemos
con júbilos y con himnos,
con tímpanos y salterios?

David

Sí, que el día del Señor
también es culto el contento,
como el contento sea culto;
mas, ¡ay de quien un pequeño
contento arrastró a mayor
precipicio y ...! Pero esto
ya más es para llorado
que dicho. Lo que te advierto
es que te guardes de ver,
porque es la vista veneno
del alma tan poderoso
que ha menester por remedio...

Él y música

...que el cielo en la tierra,
la tierra sea cielo.

Salomón

Bien me aconsejas, mas no
sé si (por más que los cielos
me favorezcan, no solo
con la herencia de tus reinos,
pero con los demás dotes
sobre la corona y cetro,
de infusa sabiduría),
podré vencer el afecto
que a idólatras hermosuras
arrastra mi entendimiento.

(Vase.)

Culpa

Bien me dijiste en que oyera
a Salomón, pues con eso,
si a uno aflige su pecado,
a otro lleva su deseo
al cuarto de las mujeres
que también presas tenemos,
sin que a la hermosura valga
el sagrado del respeto;
y ya que de aquí pasamos,
¿qué fábrica es la que veo
allí, que empezada y no
perficionada, en diseños
de lo que espera ser, solo
tiene echados los cimientos?

Mundo

Un cuarto, que aún no labrado
está, por falta de medios;
pero no por eso deja
de tener en un funesto,
hondo calabozo a cuantos,
en fe de Abrahán, creyendo
que le reedifique aquel
deseado Príncipe excelso,
con los muertos reputados,
esperan su advenimiento:
profetas y patriarcas
son.

Culpa

Abre su oscuro centro
que para escribir sus causas
me importa reconocerlos;
abre.

Mundo

Sí haré.

Voces (Dentro.) ¡Ah de la cárcel!

Mundo ¿Quién llama?

Voces (Dentro.) Allá van dos presos.

Mundo La ronda de la justicia
presos tray. Veamos primero
quién son y por qué los tray.

Voces (Dentro.) Por ladrones bandoleros,
salteadores de caminos.

Mundo Entren pues, que el Mundo expuesto
está en recebir a cuantos
a él vengan.

(Salen Dimas y Gestas de bandidos.)

Dimas ¡Valedme, cielos,
que ya sé que mis insultos
a morir me trayn!

Gestas ¡Infiernos,
valedme, que por los míos
también sé que a morir vengo!

Mundo Para asentar la partida,
de que ya a mi cargo os tengo,
decid vuestro nombre.

Dimas Dimas.

Mundo — Decid vos también el vuestro.

Gestas — Gestas.

Mundo — ¿Por qué vos venís?

Dimas — Por delitos que confieso
haber cometido.

Mundo — ¿Vos?

Gestas — Por otros dicen, mas niego
haberlos yo cometido.

Mundo — De modo que, ¿vos confeso
venís y vos negativo?
Mas, ¿quién me mete a mí en eso,
si eso ha de decir la causa
y al Mundo, solo teneros
hasta que se vea, le toca?
Venid, pues, porque, en abriendo
este calabozo, en él
aseguraros pretendo.

Culpa — Haces bien, facinerosos
tales en su oscuro centro
es justo que estén.

Dimas — ¡Ay, Culpa,
en qué desdicha me has puesto!

Culpa — ¿Luego me conoces?

Dimas — Sí.

Culpa

Más valiera que no; pero,
aun conocida, seguirte
sabré hasta el último aliento.
Llegad, pues, llegad entrambos
a esos umbrales.

Dimas

Lleguemos
dónde nuestra Culpa, Gestas,
nos lleva.

Gestas

Llega tú, puesto
que la conoces; que yo
ni la conozco ni quiero
conocerla.

Culpa

Yo te haré
que me conozcas bien presto.
Mundo, abre esa puerta.

[Intenta abrir la puerta.]

Mundo

Ya
lo procuro, mas no puedo
abrirla.

Culpa

¿Por qué?

Mundo

Porque,
aunque la busco, no tengo
su llave yo en mi poder.

Culpa

¿Cómo?

Mundo Como no la encuentro
entre cuantas, de infinitos
tristes calabozos, tengo,
sepulcros de otros.

Culpa Aparta
que yo la romperé. ¡Cielos!,
¿a dónde llegó la Culpa,
desde el instante primero
de los mortales, que no
encontrase el paso abierto?

(Hace que quiere abrir la puerta y no puede.)

Tampoco yo puedo abrirla,
que sus cerrojos de hierro
son, sus aldabas de bronce,
y sus candados de acero,
imposibles de que pueda
yo, ni abrirlos ni romperlos.

(Dentro instrumentos.)

Mundo Aún no es esa la mayor
confusión, sino que, dentro,
Abrahán con sus familias,
de Adán y David siguiendo
la aclamación, también dice
en lastimosos acentos...

Abrahán (Dentro.) ¡Cuándo, Señor, será el día
que abra la tierra su centro
y produzca al Salvador!

Música (Dentro.) ¡Cuándo, Señor, será el día
que abra la tierra su centro
y produzca al Salvador!

Dimas ¡Qué no esperado consuelo
en mí han causado estas voces!

Gestas En mí, ¡qué aborrecimiento!

Culpa ¡Qué ira en mí!

Mundo Y en mí, ¡qué pasmo!

Abrahán (Dentro.) ¡Cuándo en blando rocío tierno
darán las nubes al justo!

Música (Dentro.) ¡Cuándo en blando rocío tierno
darán las nubes al justo!

David ¡Cuándo el paraninfo bello,
que ha de dominar la tierra,
consolará al universo!

Música ¡Cuándo el paraninfo bello,
que ha de dominar la tierra,
consolará al universo!

Culpa Cuando a morir, sin morir,
se apure mi sufrimiento,
viendo que, unidas las voces
de Adán y David al seno
de Abrahán, juntas en él,
repiten todas a un tiempo...

Todos y Música

¡Cuándo, Señor, será el día
de aquel gran prometimiento,
en que el cielo y tierra unidos
en admirable comercio,
el cielo en la tierra,
la tierra sea cielo!

(Ciérranse los carros.)

Mundo

¡Qué mucho que tú te admires,
si se admira el Mundo, oyendo
que de esas confusas voces
repite lejano el eco...!

(Canta dentro el Ángel.)

Ángel

...pax hominibus in terris,
et gloria in excelsis Deo.

Culpa

¿Al hombre en la tierra paz
y gloria a Dios en el cielo?
¿Qué voces son éstas, Mundo,
tan contra el uso del eco,
que oyendo unas, vuelve otras
articuladas del viento?

Mundo

No sé, no sé; porque solo
sé que su dulce concento
suena en el aire, y que yo,
en mis ámbitos, no tengo
al dueño que las pronuncia.

Culpa

Pues, ¿quién puede ser su dueño,
que ni la Culpa ni el Mundo

le conocen?

Mundo
Más atentos
oigamos, por si otra vez
se repiten y podemos
algo entender.

Dimas
¿Has oído
jamás más dulces acentos?

Gestas
¿Qué acentos? Que yo no oigo
sino gemidos y estruendos.

Dimas
¿Cómo, cuando a cielo y tierra
dicen voces y instrumentos...

Ángel y Música
...pax hominibus in terris,
et gloria in excelsis Deo.

Culpa
En pie se queda mi duda.
Mucho escucho y nada entiendo.

Mundo
La mía más adelante
pasa, pues pasa su extremo
a delirio, a frenesí,
a ilusión, a devaneo,
a pasmo, a letargo; pues,
dudando el mundo y creyendo,
ni creyendo ni dudando,
es enigma de sí mesmo.

Culpa
¿Qué hará la Culpa si al Mundo
en tal confusión ha puesto?

Mundo
Lo que el Mundo: ir a inquerir,
los rumbos del Sol siguiendo,
quién el músico es de tanto
armonioso portento.

Culpa
Espera, ¿cómo en la cárcel,
sin encerrar, a unos presos
tan incorregibles dejas?

Mundo
Seguros quedan, supuesto
que si en la cárcel entraron
por la puerta de ese viejo
edificio y tú los trays
a la puerta de este nuevo,
que no podemos abrir,
dejando a los dos en medio,
seguros los dejo, Culpa,
pues entre puertas los dejo.

Culpa
¡Oh, no sea que edificio
cerrado uno, otro aún no abierto,
uno nuevo y viejo otro
pasen, sincopando el tiempo,
a ser sombras de algún alto
Viejo y Nuevo Testamento!

Mundo
¿De qué lo temes?

Culpa
De que
otra vez a dudar vuelvo...

Dimas
Yo, a alegrarme...

Gestas
Yo, a afligirme...

Mundo — Yo, a estar absorto y suspenso...

Los cuatro — ...oyendo que vuelven
a decir los ecos...

Ellos y Música — ...gloria a Dios en las alturas
y paz al hombre en el suelo.

(Con esta repetición se van los cuatro, y sale el Ángel, cantando en un bofetón, que dé vuelta al carro.)

Ángel (Canta.) — ¡Gloria a Dios y paz al hombre
publiquen al universo
el Sol con estrellas, el mar con espumas
la tierra con flores, con auras el viento!
¡Gloria a Dios y paz al hombre
sigan, tras los elementos,
sin sañas las fieras, las plantas con frutos,
con voces las aves y el pez con silencios!
¡Gloria a Dios y paz al hombre
de que el prometido tiempo
se acerca de aquel comercio admirable
que exalte lo humilde y humille lo excelso!
Dígalo yo, que del alto
Olimpo del Sol desciendo
nuncio, enviado a tratar que se vean
lo eterno ceñido, abreviado lo inmenso;
a cuya causa, el divino
trocado al humano imperio,
batiendo las alas, el orbe discurro,
porque de todos repita el consuelo,
en felices albricias de ver
que, el cielo en la tierra, la tierra sea cielo.

Todos y Música — ¡Gloria a Dios en las alturas
y paz al hombre en el suelo!

(Con esta repetición pasa el Ángel, y salen el Príncipe, mirando un retrato, la Justicia, dama, con espada, y la Misericordia, con un ramo de oliva.)

Príncipe — Bella imagen que copié
del ejemplar de mi idea
para que tu gracia sea
el símbolo de mi fe,
de cuantos triunfos logré
el día que, en su heredad,
la suprema majestad
de mi padre me entregó
reinos y gentes que yo
rigiese a mi voluntad,
en ninguno puse más
(¡oh humana naturaleza!),
los ojos que en tu belleza,
que no olvidaré jamás;
tan en mi memoria estás
desde el punto que te vi,
que a mi ser tu ser uní,
con tan suave lazo fuerte
que me ofreceré a la muerte
por darte la vida a ti;
y pues sois en este día
(que aguardo ver su concordia)
Justicia y Misericordia,
polos de la monarquía
que de mí mi padre fía,
decidme, aunque yo lo sé
sobre dos leyes, ¿de qué

ley necesita un gobierno
para establecer eterno
los méritos de su fe?
Que ya que de su grandeza
dueño soy, consultar quiero
(pues obras de gracia espero
medir, para más fineza,
con las de naturaleza)
de qué una gran monarquía
consta desde el primer día
que se funda, porque en todo
nos ajustemos al modo
de mística alegoría.

Misericordia

Una república bella
consta, Señor, de la gente;
y así, es lo más conveniente
que a poblalla y poseella
nazcan vasallos en ella,
que comercien en su abismo.

Príncipe

Suceda en ésta lo mismo,
pues cuantos a ella vendrán
Misericordia, podrán
renacer en el Baptismo.

Justicia

Nacer, Señor, no es bastante,
si no se sigue al nacer
a perfecta edad crecer
y ser hombre el que era infante;
porque con fervor constante
confirme en su corazón
la ley y la religión
que le des.

Príncipe
Justicia es;
y, así, tú podrás después
darle la Confirmación.

Misericordia
Nacer, Señor, y crecer
a perfecta juventud
no es la robusta salud
que el mortal ha menester;
y, así, le importa tener
remedios a la dolencia
de una y otra intercadencia.

Príncipe
Misericordia, a esa ruina
saludable medicina
le dará la Penitencia.

Justicia
Aunque ella le ha de curar,
será fuerza que le des
convalecencia después,
en que pueda desechar
las reliquias que dejar
suele el mal.

Príncipe
De esa aflición,
Justicia, supla otra acción
la extrema necesidad
que deje la enfermedad
con nombre de Extrema Unción.

Misericordia
Ves aquí, Señor, que atento,
nace el hombre, vive y crece,
que enferma y que convalece,
¿qué hará sin el alimento

que le sirva de sustento?
Pues, el más fuerte varón,
sin esta vital porción,
perecerá.

Príncipe

            Pan de vida
todos, para su comida,
tendrán en la Comunión.

Justicia

¿Qué importará que nacido
se vea el hombre, confirmado,
convalecido, curado
y, en efecto, mantenido,
si en justicia y paz regido
no está de algún tribunal,
que le gobierne en igual
ley, en que habrá menester
juez supremo?

Príncipe

                Ese ha de ser
el Orden Sacerdotal.

Misericordia

Aunque todos lograr puedan
altos favores, ningunos
vendrán a ser, como unos
en otros no se sucedan.
Monarquías que se heredan
de una en otra duración
las más políticas son.

Príncipe

De esa verdad, testimonio
será dar el Matrimonio
ligítima sucesión;
ésta espero yo lograr

con tan general consuelo
de todos que, ni del cielo
las estrellas, ni del mar
las arenas, numerar
puedan la gran población,
que de una en otra región,
coronada de laureles,
venga a ser unión de fieles;
a cuya causa, elección
tengo hecha ya de una esposa
tan perfecta y soberana
que en ella la idea humana,
naturaleza dichosa,
se cifra, tan toda hermosa
como veis en su ejemplar;
y así, traté de enviar
al vasallo más fiel,
para que en mi nombre él
me fuese a capitular.

Justicia ¿Pues hubo dificultad
en que la elegida fuese?

Príncipe No, que yo quise que hubiese
mérito en su voluntad,
resignada en la verdad
de mi amor.

(Sale el Ángel.)

Ángel Bien de ese amor
logrado traigo el favor.

Príncipe ¿Cómo?

Ángel
Como a tu propuesta,
solo escuché por respuesta:
«esclava soy del Señor».

Príncipe
Con esa resignación
que la más pura belleza
que vio la naturaleza
dio en su nombre a mi pasión,
en alas del corazón,
inspiradas de mi fe,
y en su traje, pues ya sé
que en cortesanos amores
los disfraces son primores,
yo mismo en persona iré,
en muestras de mi afición,
hasta su tierra por ella,
a recibilla y traella
a donde la aclamación,
lealtad y veneración,
gloriosamente festiva
de mis gentes la reciba.

Todos
Todos, desde luego, en muestra
diremos de la fe nuestra
que felices siglos viva.

Príncipe
Viva, y publicad por toda
la capacidad que encierra
la redondez de la tierra,
la felicísima boda
a que mi ser se acomoda.

Ángel
En voz de pregón que, altiva,

el tiempo en bronces escriba,
toda la naturaleza
publique que igual belleza
(Cantado) reine, goce, triunfe y viva.

Música
En voz de pregón que, altiva,
el tiempo en bronces escriba,
toda la naturaleza
publique que igual belleza
reine, goce, triunfe y viva.

Ángel (Canta.)
Sepa el Mundo que el Deseado,
príncipe por apellido...

[Sale el Mundo.]

Mundo
Sepa el Mundo que el Deseado
príncipe por apellido...

Ángel (Canta.)
...con la esposa que ha elegido,
donde la Culpa no ha entrado...

(Sale la Culpa.)

Música y Culpa
«...con la esposa que ha elegido
donde la Culpa no ha entrado...»

Ángel (Canta.)
...del rey, su padre, enviado
para que en sí la reciba,
y con prole sucesiva,
a siglos el tiempo aumente,
y a átomos el Sol le cuente,
reine, goce, triunfe y viva.

Culpa, Mundo y Música
«...y con prole sucesiva,
a siglos el tiempo aumente,
y a átomos el Sol la cuente,
reine, goce, triunfe y viva...»

(Vanse y quedan solos el Mundo y la Culpa.)

Los dos
¿Cómo?

Mundo
¡Culpa!

Culpa
¡Mundo!

Mundo
¿Oíste
aquella voz que seguí?

Culpa
Sí, que yo te seguí a ti.

Mundo
¿Qué es lo que de ella entendiste?

Culpa
Nada. Ciega, absorta y triste,
de ti, Mundo, a saber llego
qué Príncipe es éste.

Mundo
Luego,
¿tú no le conoces?

Culpa
No.

Mundo
Ni yo tampoco, que yo
también, triste, absorto y ciego,
no sé quién es. Mas, si aquí
me dices cuál es la esposa

tan perfectamente hermosa,
quizá por ella...

Culpa ¡Ay de mí!,
que jamás la vi ni oí.
Y, así, con terror segundo,
una duda en otra fundo.
¿Cómo, Mundo, pudo ser
príncipe en el mundo haber
y no conocerle el Mundo?

Mundo Como, para mi disculpa,
hubo quien para exaltada
reina halló en el mundo entrada,
sin conocerla la Culpa.

Culpa Eso, más que te disculpa,
mi sentimiento atropella;
y es querer a mi querella
responderme poco fiel.

Mundo No es, que no saber yo de él,
es por no saber tú de ella.

Culpa Aún no para en eso, pues,
a tercer duda, que acuda
quiere el cielo.

Mundo ¿Qué es la duda?

Culpa Atiende y sabrás la que es.
Para cautelarme, Mundo,
de aquel rey que, prometido
de los profetas, en tantas

figuras, sombras y visos,
como en arcanos misterios,
contiene el cerrado libro
de siete sellos, que solo
el Cordero pudo abrirlos;
para cautelarme, Mundo,
segunda vez lo repito,
de que ya que venga, venga
de su justicia movido
a castigar riguroso
en vez de premiar benigno,
en metáfora de cárcel
dispuse que, convenidos
yo en prenderlos, tú en guardarlos,
hallase uno y otro siglo
tan acordado en sus penas,
tan olvidado en sus vicios,
que, como antes dije, sea
memoria de sus olvidos
el libro de mis acuerdos.
Haciendo estaba el registro
cuando otras distantes voces
de las de la tierra oímos
en el aire. ¿Culparás
que lo que sabes te digo?
Pues no más falta hacer suele
lo callado que lo dicho.
Las distantes voces eran
epitalamios festivos
de reales bodas, que han puesto
mi ira en tan nuevo conflito
como no salir de uno
y entrar a otro laberinto.
Porque, ¿qué tienen que ver

dos asuntos tan distintos,
como que cárcel y boda
concurran a un acto mismo?
Que seas tú, Mundo, la cárcel,
ya alegórico lo hizo
el sacro citado texto;
que a las bodas de su hijo
el padre rey convidase
a todos sus convecinos
a gran cena, ya también
hubo texto que lo dijo.
Pero no dijo uno ni otro
que habían de sonar unidos
tanto que, a un tiempo, se oyesen
dos tan disonantes ruidos,
allí de tristes endechas,
aquí de nupciales himnos.
¿Qué ingenio habrá...? Dejo aparte
si es o no es el que previsto
me amenaza hasta que el tiempo
el velo corra al sentido,
que agora anda entre dos luces,
ni ignorado ni sabido;
y voy a ¿qué ingenio habrá
que no discurra indeciso,
oyendo que a un propio asunto
le suenan en los oídos
cítaras aquí y salterios;
y allí cadenas y grillos;
cánticos aquí suaves;
allí míseros gemidos;
aquí cláusulas sonoras,
allí funestos suspiros;
aquí gozos; allí penas;

y, en fin, entre llanto y ritmo,
confundiéndose mezclados
lamentos y regocijos,
aquí, el cielo todo glorias
y todo allí, ansias el limbo?

Mundo

Tu razón de dudar, Culpa,
en mi pecho ha introducido
tal confusión que a ser vengo
Babilonia de mí mismo.
El Mundo soy; no hay nación,
no hay idioma, ley o rito
que yo no contenga en mí.
Y, pues todas las admito,
no extrañes, Culpa, que en orden
a lo que se ha discurrido
acerca de esta venida,
en mí diga el Gentilismo:
«en cuantos dioses adoro,
el que a las bodas propicio
es, es Himeneo; él sin duda
invocado habrá venido
a las de algún semidiós,
y con aqueso ha podido
entrar, sin que Mundo y Culpa
le conozcan; pues preciso
es que el que no fuera dios,
no entrara sin sus registros.»
La Idolatría: «que sea
dios, fácilmente lo admito,
treinta mil son los que adoro
en simulacros antiguos;
alguno, pues, que entre tantos
el que sea no distingo,

quizá también, de las diosas
que venero, habrá elegido
alguna, y a celebrar
sus bodas ha descendido
del cielo a la tierra. Y pues
son en ella astros divinos,
¿quién duda que tales bodas
del cielo nos han venido?»
«¿Qué dios ni diosas, si más
dioses ni diosas ha habido
que nacer porque nacemos
y morir porque morimos?
Nuestro vientre es nuestro dios;
no hay más dios»: ciego Ateísmo.
«¿Cómo niegas un dios solo
—le replica el Hebraísmo—,
que es principio y fin de todo,
con ser sin fin ni principio?
Éste adoro y éste espero
que ha de enviar a su hijo,
como segunda persona
suya, a sacar de captivo
a su pueblo y...»

Culpa
No prosigas,
que ya que oráculo vivo
del idólatra, el gentil,
ateísta y judaísmo,
has respondido a mi modo
en sus errados disinios,
en llegando a que el hebreo
espera aquel prometido
rey, que del Austro predice
Habacú, no quiero oírlo,

por no entrar en la sospecha
de si este primer indicio
de no conocerle lleva
adelante los motivos
de ser él; y pues concurren
mi sobresalto y tu aviso,
veamos qué camino habrá
de apurarlos.

Mundo Un camino
se me ofrece, ya que no
de apurarlos, de inferirlos.

Culpa ¿Qué camino?

Mundo Pues nosotros
una idea introdujimos
alegórica, y, a nuestro
modo de entender, lo mismo
con él nos pasa, supuesto
que el venir desconocido
también dice alegoría,
corrámoslas a dos visos.

Culpa ¿De qué suerte?

Mundo De esta suerte:
prosigue tú en tus registros,
conste en ti el género humano
siempre reo en sus delitos,
en tanto que yo (pues, como
Mundo, en cualquier parte asisto),
siempre a la mira, notando
voy sus hechos y sus dichos,

y a saber quién es la esposa,
con que después, conferidos
su matrimonio y tu cárcel,
careados a nuestro arbitrio,
veremos si entrambas líneas
van a dar a un punto fijo.

Culpa

Así sea; y, porque más
el alegórico estilo
en todos introduzcamos,
démosle nombre.

Mundo

Sea el mismo
que le dio su epitalamio:
el Deseado.

Culpa

Bien has dicho.
¿Y qué apellido?

Mundo

Supuesto
que del padre enviado vino,
segunda persona suya,
a gobernar sus dominios,
su apellido sea el Segundo.

Culpa

Conque nombre y apellido,
a quien ya quiera explicarlos,
Segundo y Deseado ha oído.
¿Y qué nombre le daremos
a la esposa?

Mundo

Pues ha sido
la que halló gracia en sus ojos,
y la que elegida quiso

ver exaltada, su nombre
María sea, pues quien dijo
María, dijo Exaltada,
Elegida y Gracia.

Culpa

De oírlo,
estremecida, no sé
por qué, ¡ay infeliz!, me aflijo;
y si sé que culpa y gracia
son extremos muy distintos.
Mas no por eso rehúso
el seguir los vaticinios
que en ti han hallado; y, supuesto
que es forzoso dividirnos,
parte tú en su seguimiento
y vuelva yo a mis registros.

Mundo

Ve, que en él te buscaré
con lo que traiga sabido.

Culpa

¡Oh, sea algo que nos diga
este ignorado prodigio!

Mundo

Sí será, que al Mundo, Culpa,
nada oculto hay ni escondido
que no sea revelado.

Culpa

Yo lo espero.

(Vase.)

Mundo

Y yo lo afirmo.
En fe de cuya palabra
desde aquesta parte miro,

puesto que no se da al Mundo
distancia, tiempo ni sitio,
que ya el esposo y la esposa,
partiendo ambos el camino,
en desmantelado yermo
páramo, cuyo distrito
de pajizas chozas no es
más que, en burgos dividido,
pobre albergue de ganados,
expuesto al calor y al frío,
se dan la primera vista,
conque una vez repetido
y otra vez, vuelve a decir
del epitalamio el himno:

Música

El príncipe, que Deseado
dio el cielo por apellido,
con la esposa que ha elegido
donde la Culpa no ha entrado,
él de laurel coronado
y ella de triunfante oliva,
reine, goce, triunfe y viva.

(Con esta repetición salen por una parte Justicia, Misericordia y el Príncipe; y por otra, el Ángel y la Esposa, con todo el acompañamiento que puedan, sonando a un tiempo música, chirimías y atabalillos.)

Príncipe

Feliz, alegre y venturoso el día,
bellísima deidad, cuya mañana,
entre arreboles de oro, nieve y grana,
repite el alegría
de aquél que el cielo vio que descendía,
a la voz amorosa
del esposo, del Líbano, la esposa,

para ser coronada
como reina exaltada,
que tray consigo el nombre de María.

Esposa

Feliz, alegre y venturoso el día,
cuya mañana fue el esposo hallado
en desierta campaña,
al pie de la cabaña
de la esposa, el cabello coronado,
sobre el ofir que la madeja dora,
del nevado rocío del aurora.

Príncipe

Vos seáis tan bien venida
como deseada del que, ya elegida,
mantuvo la tardanza
en la penalidad, de la esperanza,
con haber sido, en el antes del antes,
siglos las horas y horas los instantes.

Esposa

Por tan sumo favor tan cortesano,
os suplico a besar me deis la mano;
y perdonad si a hablaros no me atrevo,
que es vuestro estilo para mí tan nuevo
que no en vano el temor intenta sabio
que le explique mejor la acción que el labio:
a vuestras plantas...

Príncipe

No, sino a mis brazos.

Esposa

¡Qué blandas redes!

Príncipe

¡Qué apacibles lazos!
Venid, pues, donde, en tanto que aperciba
mi Corte real aplauso que os reciba,

de un retiro ocupéis la corta esfera,
¡qué mucho, pues, aun la del Sol lo fuera!

Esposa — Todo mi esposo es gala.

Príncipe — Toda mi esposa es bella.

Esposa — Ni el lirio ni el clavel su pompa iguala.

Príncipe — Ni una pequeña mancha no hay en ella.

Esposa — Feliz estado.

Príncipe — Venturosa estrella.

Ángel — Pues justo es los sigamos,
a repetir el cántico volvamos.

Todos y Música — El príncipe, que Deseado
dio el cielo por apellido,
con la esposa que ha elegido
donde la Culpa no ha entrado,
él de laurel coronado
y ella de triunfante oliva,
reine, goce, triunfe y viva.

(Con esta repetición, atabalillos y chirimías, se van todos, y queda solo el Mundo.)

Mundo — ¿Qué nuevo afecto, qué nuevo
impulso es el que arrebata
mis sentidos, de manera
(al ver las dos soberanas
señas de esposo y esposa,

concurriendo a un tiempo en ambas
lo alegórico y lo real)
que parece que me arrastran,
llevándose tras sí al mundo?
¿No vine en su alcance a causa
de que, familiar alcaide
de la Culpa, de su saña
cómplice, como uno de
tres enemigos del alma,
había de aliviar la ira
de su venenosa rabia
averiguando a qué punto
van dos líneas tan contrarias
como cárceles y bodas?
¿Pues cómo de aquella instancia
me olvido y me acuerdo de esta
nueva duda que en mí causan?
Para informarme mejor
de lo que conviene que haga,
no he de perderlos de vista;
y más, al ver que no paran
en el ameno retiro
de su deleitoso alcázar,
sino que, pasando de él
a un atochar, cuyas ramas
con sus sombras les convidan
a los halagos del aura
(si ya no es que entre a la parte
el hacimiento de gracias),
paseándose por sus calles
en la fábrica reparan,
que, en la más principal de ellas
(que es la de Atocha) fundada
yace mi cárcel, en quien

quedó la Culpa de guarda.
En sus umbrales, parados
están a las consonancias
que dentro se escuchan, pues
repiten en voces varias...

Música
y Todos (Dentro.)
¡Misericordia, Señor!
¡Señor, duélante las ansias
de los que en tristes calabozos claman...

(Salen.)

Todos
...en fe de la palabra
del prometido bien de su esperanza!

Príncipe
«¿En fe de la palabra
del prometido bien de su esperanza?»
Misericordia, ¿qué voces
son las que por ti me hablan?

Misericordia
Ésta es la cárcel, Señor,
del Mundo; sienten que pasas
por aquí, y todos sus presos
tu misericordia claman...

Ella y música
...en fe de la palabra
del prometido bien de su esperanza.

Esposa
Su clamor me ha enternecido.

Justicia
Fuerza es que justicia haya.

Esposa
Sí, mas justicia hay en quien

tiene su lugar la gracia.

Príncipe

No es menor la piedad mía,
que a mí también me traspasan
el corazón sus miserias;
y más día cuya alba
para mi dicha amanece
a vista de su desgracia.

Esposa

Pues enternécete de ella;
no des lugar a que añadan...

Música

Aplica el piadoso oído,
olvidado en nuestras faltas,
que perecemos, si tú
sus iniquidades guardas.

Esposa

Piedad, Señor, en fe de la palabra
del prometido bien de su esperanza,
que, entre cuantas prevenciones
se disponen a mi entrada,
ninguna será mayor,
ni de estimación más alta,
Señor, que el perdón de todas
las culpas.

Príncipe

Llamarte basta
María, para que seas
intercesora en la gracia.
Justicia y Misericordia,
pues sois los polos entrambas
de la nueva monarquía
que en nuestros hombros descansa,
publicad un general

indulto, que quiero se haga
a honra y gloria de la esposa,
de todas aquellas causas
que no tengan parte, y luego,
las dos, en pública sala,
iréis a hacer la visita
en mi nombre.

Mundo — Al cielo gracias
dé, que ya, Mundo, saliste
de la duda en que te hallabas
de no saber a qué punto
iban a dar tan contrarias
líneas como boda y cárcel.

Príncipe — Id, pues, con la circunstancia
de que vas, Misericordia,
de Justicia acompañada,
para que guardes justicia;
y tú, Justicia, repara
en que con Misericordia
vas también para guardarla;
que no será acierto en una
si no se da unión en ambas.

Justicia — A obedecerte, Señor,
iremos, en voces altas
público haciendo el indulto.

Ángel — Y yo es bien con ellas vaya,
que procurador de pobres
soy, a defender su causa.

Príncipe — Id; y tú, beldad hermosa,

ven adonde retirada
en tus jardines estés,
hasta que en público salgas.

Esposa
Tu precepto y mi obediencia
una cosa son.

Mundo
¡Oh, humana
naturaleza, qué bien
cuando te humillas, te ensalzas!

Justicia (Canta.)
¡Albricias, género humano!,
que el Deseado que esperabas,
habiendo venido al mundo,
segundo el mayor monarca,
un indulto general
a honor de sus bodas manda
que se celebre, porque
tú de tus prisiones salgas.

Música
En fe de la palabra
del prometido bien de su esperanza.

(Vanse, y sale la Culpa.)

Culpa
Nunca creí que era tan áspid,
hasta ver que lo que cantan
dentro y fuera de la cárcel,
siendo uno gozo, otro ansia,
todo es para mí conjuro,
cuya música me saca
de mí, tan sin mí.

Mundo
¿Qué es esto?

¿Dónde vas, Culpa?

Culpa

Llevada
de un furor, huyendo voy
de quien cantando me encanta.
Y ya que vuelves a mí,
¿qué es lo que a saber alcanzas,
pues tras él fuiste, de aqueste
intruso rey?

Mundo

Mucho y nada.

Culpa

¿Cómo nada y mucho?

Mundo

Como
es mucho lo que me pasma
y poco lo que averiguo.
Si creo que es el que aguarda
el hebreo, hallo que no
se han cumplido las semanas
de Daniel; si no lo creo,
también me hace repugnancia
el ver que Misericordia
y Justicia le acompañan,
a quien ha dado poder,
(a las piadosas instancias
de la esposa, y a honor suyo),
para que a indultar las causas
sin parte, a la cárcel vengan,
de que mi discurso saca
que, no en vano, las dos líneas
que se tiraron contrarias
vienen a unirse.

Culpa

Pues, ¿cómo
sin parte puede indultarlas,
siendo yo parte fiscal
de todas?

Mundo

Por más que añadas
ira a ira, temo, Culpa,
que bien del empeño salgas.

Culpa

¿Por qué?

Mundo

Porque da este joven
muchas señales de que anda
por aquí la sunamitis
encubierta y disfrazada,
a un viso de esposa y a otro
de naturaleza humana.

Culpa

Muy mudado, Mundo, vienes
de parecer.

Mundo

No es mudanza,
sino confusión, que todo
el Mundo a entender no basta,
dividido en opiniones.

Culpa

Presto verás que te engañas
en pensar que la visita
les ha de ser de importancia;
porque tengo de manera
las culpas averiguadas
que, aunque la Misericordia
hoy venga por asociada
de la Justicia, en justicia,

no ha de poder perdonarlas,
por más que ahora, alborozados
con la noticia de que haya
general indulto, todos
repitan en voces varias...

Mundo — Mucho temo que no en vano
se oiga en todas sus estancias...

Todos — ¡Albricias, albricias!
Pase la palabra
de que ya se acerca,
en el rey del Austria,
el esperado bien de su esperanza.

(Con esta repetición se entran los dos, y salen Gestas y Dimas.)

Gestas — ¡Albricias, Dimas!

Dimas — ¿Qué albricias
ha de dar el que no aguarda,
ya confesadas sus culpas,
el que el indulto le valga,
según lo graves que son,
y es fuerza que satisfaga
a las partes ofendidas
la Justicia?

Gestas — Con negarlas,
en la ratificación,
de haberlas dicho te salvas.

Dimas — Mejor espero salvarme
muriendo por confesarlas.

Gestas

Yo, por negarlas, viviendo
espero hacer otras tantas.
Y pues que lo bien negado
nunca es bien creído, y que salga
yo indultado es fuerza, dame
los brazos, que con mil almas
siento el ver que mueras por
capricho de tu ignorancia.

(Las chirimías.)

Dimas

Quizá es por mi dicha; pero,
¿qué salva es ésta?

Gestas

Esta salva,
a lo que desde aquí veo,
es de gentes que acompañan
la visita, que ya viene
entrando en aquesta cuadra.

Dimas

¿Y qué ruido será aquel
que se hace en una ventana?

Gestas

¿Ahora sabes que ha mandado
el rey que a todas las salas
se haga una escucha, por ver
cómo se juzgan las causas?

Dimas

Retirémonos los dos
en tanto que no nos llaman.

(Sale la Justicia, con una espada desnuda al hombro, y la Misericordia, con un ramo de oliva, y el Ángel con una cruz dorada, y acompañamiento, y siéntanse los dos, la Misericordia a mano derecha, el Ángel, a un lado del bufete en pie, y el Mundo al otro lado.)

Justicia

Aquél es, Misericordia,
tu lugar; ceda la espada
de la justicia a la paz
de la oliva.

Misericordia

Por sus ramas,
materia de Sacramentos,
le admito; no porque haya
ni pueda haber en nosotras
preeminencia ni distancia.
¿Adónde el alcaide está
de esta prisión?

Mundo

A tus plantas.

Misericordia

¿Tenéis hecha ya la lista
de los que hoy en esta instancia
se visitan?

Mundo

Sí, Señora.

Misericordia

Pues id llamando a que salgan;
y vosotros los decretos
publicad en voces altas.

Mundo

Adán el primero es
que espera lograr tu gracia.

Misericordia

¿Por qué está preso?

(Sale Adán.)

Adán Por deudas
a que mi caudal no alcanza
a satisfacer, que son
infinitas, y aunque haya
hecho dejación de bienes,
quedando en miseria tanta
que el pan de dolor que como
es el sudor de mi cara
y el agua que bebo es
de mis lágrimas el agua,
aún con toda esta fatiga
a satisfacer no bastan.

Misericordia ¿Quién es la parte?

(Sale la Culpa.)

Culpa Su culpa.
No solo en aquesta causa,
sino en todas; pues a todos
la original les alcanza
pero aún en las personales.
Y pues, es ley asentada
oír en justicia a la Culpa,
mientras no me satisfaga
le embargo en la cárcel, donde
el indulto no le valga.

Justicia Dice bien: justicia es
que quien debe pague.

Ángel Si se halla
con caudales; pero habiendo

(no pudiendo hacer la paga)
hecho dejación de bienes,
ya lo imposible le salva
para que goce el indulto,
pues también ley asentada
es que nadie a lo imposible
esté obligado.

Culpa

¿Quién tanta
licencia de hablar aquí
os dio?

Ángel

Nadie, que el tomarla
por procurador de pobres
me toca, sin esperarla
de otro.

Culpa

Con todo eso, es mucha
licencia y...

Ángel

No es, sino...

Misericordia

Basta;
y pues dar satisfación
es justo, y justo que haya
de ser con Misericordia,
la ley el camino parta:
pague Adán su culpa, pero
páguela con tolerancia.
¿El monte de la piedad
no tiene ya situada
limosna para los pobres
de la cárcel? Pues, libranza
de toda ella se dé a Adán,

y él, como cobrando vaya,
vaya pagando sus deudas.
Y para que en la cobranza,
en cuanto a sus diligencias,
no haga su persona falta,
désele una moratoria
con que de la cárcel salga;
conque de indulto y de deuda
vendrán a gozar sus ansias
de la deuda, la justicia,
y del indulto, la gracia.

Justicia — Publicad así el decreto.

Música — Salga Adán, si no libre,
con esperanza
de que halló en el indulto
justicia y gracia.

Misericordia — ¿Quién se sigue ahora?

Mundo — Caín.

[Sale Caín.]

Misericordia — ¿Por qué está preso?

Culpa — Su causa
un fratricidio es; la muerte
a su hermano dio en venganza,
odio y rencor de que fuese
a Dios su ofrenda más grata
que la suya.

Misericordia ¿Quién la parte
es?

Abel Es la sangre que clama
pidiendo justicia al cielo.

Justicia ¿Cuando no lo sea, no basta
para condenarle a muerte
la ley de «muera quien mata»?
El injusto por sí mismo
se tray la sentencia dada,
y pues, no tiene visita
en los indultos de gracia,
retiralde condenado
a muerte.

Ángel Mortal, repara
que hay delitos a quien vuelve
Misericordia la cara
al oírlos; por que no
peques en su confianza.

Caín ¡Oh Justicia de Dios! ¿Quién
hará a tu ley repugnancia,
si aun el condenado va
confesando que eres santa?

Música En que Abel viva, y muera
Caín, se declara
que la muerte del cuerpo
vida es del alma.

Mundo David es el que presente
tienes.

[Sale David.]

Misericordia
Su culpa relata.

Culpa
Son dos: adulterio una,
y otra homicidio.

Ángel
Que añada
yo, es justo, que apartamiento
de parte tiene en entrambas.

Culpa
¿Cómo?

Ángel
Como Bersabé,
viuda del que matar manda
y cómplice en el delito,
no de amar, de ser amada,
como parte le perdona;
y él, por volver por su fama,
por su honor y su opinión,
con ella, señora, casa;
y dado que ni uno ni otro
del pecado no le salva,
sálvele lo que le llora,
pues desde la noche al alba
y desde el alba a la noche,
culpas llora y himnos canta.

Misericordia
Goce David del indulto,
pues que la parte se aparta.

Justicia
Gócele más porque llora,
que porque su perdón traya.

Música

Salga David libre
porque le valga
que llorando culpas,
cante alabanzas.

David

Aunque perdonadas culpas
no son culpas, estimara
más no verlas cometidas
que el mirarlas perdonadas.

Mundo

Salomón su hijo se sigue.

[Sale Salomón.]

Misericordia

¿Qué es el cargo que le agrava?

Culpa

Ser sospechoso en la ley.

Misericordia

¿Cómo?

Culpa

Como no la guarda.
Idólatras hermosuras
tanto su saber arrastran,
que consta de su proceso
haber incensado estatuas.

Misericordia

¿Consta en su declaración
que hecho penitencia haya?

Culpa

Nada de su penitencia
en todo el proceso se habla.

Justicia

Pues, ¿qué en su descargo alega?

Ángel
Hasta ahora no alega nada,
porque su declaración
no consta que esté tomada.

Justicia
Luego no viene en estado
la causa bien substanciada,
el día que falta en ella
esa legal circunstancia.

Misericordia
Pues, ¿qué hemos de hacer sin ella?

Justicia
Que mientras no se declara,
siga Salomón y quede
suspensa agora su causa,
hasta otro juicio que pueda
con más informe juzgarla.

Música
Salomón, suspensa
siga su causa,
mientras otro juicio
no la declara.

Justicia
¿Quién se sigue agora?

Mundo
Quien
viene a medir la distancia
que, en tan general indulto,
lo excelso y lo humilde iguala,
sin excepción de personas.

(Salen Dimas y Gestas.)

Dimas
Dígalo el que, a vuestras plantas,

dos bandoleros ladrones
también su piedad aguardan.

Gestas
No aguardan, porque yo niego
la verdad de la probanza;
que no soy yo el contenido

Culpa
Si hay quien te vio en la campaña,
¿cómo niegas?

Gestas
Como miente
quien lo vio.

Justicia
¿Todo esto para
en más que en estar confeso
tú, y tú negativo?

Dimas
Tantas
son mis culpas, que conozco
que debo morir.

Gestas (Aparte.)
(¡Mal haya
el que pierde por su lengua!)
Yo no; ni he de confesarlas.

Justicia
Para eso se hizo el tormento,
para las semiprobanzas.
El que confiesa sus culpas,
goce del indulto: salga
libre; el que las niega, ya
lo dije: a tormento vaya
condenado.

Gestas
¿Ésa es justicia?

Misericordia

Sí, pero tan soberana,
que al que niega le condena
y al que confiesa le salva.

Música

Tenga, en Gestas y Dimas,
para enseñanza,
glorias el que confiesa,
penas quien calla.

Misericordia

¿Cómo de aquel calabozo
no hay quien a visita salga?

Mundo

Como no pueden salir,
que está su puerta cerrada
sin que el Mundo tenga de ella
llave.

Justicia

Pues, ¿a quién la encargan?

Mundo

No sé.

Misericordia

¿Cómo alcaide eres
y no sabes a quien guardas?

Mundo

No sé.

Justicia

¿Cómo tan turbado...?

Mundo

No sé nada, no sé nada
más de que Abrahán, en esa
prisión, a que venga aguarda
quien la abra a él y a sus creyentes.

Justicia — Pues ya vino quien la abra.

Culpa — ¿Quién?

Justicia — La justicia del nuevo
deseado rey a quien claman.

Culpa — Ni a ese rey ni a su justicia
conozco.

Justicia — ¡Quita!

Culpa — Repara
que soy yo quien la defiende.

Justicia — Seré yo quien la quebranta,
dándote muerte primero.

Misericordia — ¡Espera, detente, aguarda,
Justicia!

Justicia — Misericordia,
mía es la primera instancia.

Misericordia — Mía la segunda.

Ángel — Ponga
yo paz entre vuestras armas.

(Forman los tres las armas de la Inquisición.)

Culpa — ¿Qué jeroglífico, ¡cielos!,
es aquel que me retrata
formado el aire de una

cruz, una oliva, una espada,
que me aflige, que me asombra,
que me estremece y me pasma,
como que me está diciendo,
en profética amenaza,
que este auto solo es,
o sombra, o viso, o fantasma
de otro auto que la fe
previene, dispone y traza
contra todos los secuaces
a quien la Culpa avasalla?
Pero antes que lo vea,
para consuelo me basta
el ver cerrada esta puerta,
que si no estuvo cerrada
allá, en la ley natural,
de Adán la primera estancia,
ni la segunda en la escrita
de Moisés, a mí me basta,
como dije, ver que no
habrá poder que ésta abra
para la tercera ley,
si es que ha de ser la de gracia,
mientras que yo la defienda
con las iras de mi saña.

(Sale el Príncipe.)

Príncipe

¿Cómo que no habrá poder?
Solo eso me obligara
(a correr yo la cortina
de velos que me recatan
en alegóricas nubes),
a ir, después de pasión tanta

como me cuesta mi amor,
en persona a quebrantarla.
¡Abrid las puertas, abrid
los cerrojos, las aldabas,
y candados de los hierros
que en triste prisión os guardan!

Todos
¿Quién ilumina sus sombras?

Príncipe
El Sol de la mejor alba,
que resucitado viene
de la oscura noche parda
de las tinieblas a que
sus rayos os las esparzan.
¡Rompe, Abrahán, las cadenas
y todas tus gentes saca
libres de la Culpa!

Culpa
No
es posible libres salgan,
si no la dan, de infinito
delito, infinita paga.

Príncipe
Ya el monte de la piedad
satisfizo las pasadas
deudas de Adán; conque a todos
el indulto les alcanza
que yo hice en favor de toda
la naturaleza humana.

Culpa
Pues, ¿quién eres?

Príncipe
Soy quien soy.

Culpa

Que tú lo digas, no basta.

Príncipe

Mi padre y yo lo decimos,
y que hace fe es cosa clara
el testimonio de dos;
y porque lo veas, tirana,
¡Adán, Moisés, Abrahán,
con cuantas familias, cuantas
gentes, natural y escrita
ley, inviolables las guardan,
venid todos, venid todos,
que ya está la puerta franca
por donde salgáis, y entre
triunfante la ley de gracia!

Mundo

De tan alta maravilla
el Mundo te dé las gracias.

Culpa

¡Ah traidor!, ¿en el peligro
me dejas y desamparas?

Mundo

Sí, que en todo el Mundo han
sonado sus alabanzas.

Culpa

Pues antes que lleguen ellos,
mi ira, mi furia, mi rabia,
dándote muerte, será
todo el Mundo mi venganza.

Mundo

Huiré de ti, que de ti
solo vence el que se aparta.

Culpa

¡Seguiréte yo!

Príncipe

Tras ella
id; o prendelda, o matalda.

Todos

¿Qué más muerta, si la muerte
del cuerpo no lo es del alma?

Mundo

Por más que me sigas no
has de alcanzarme, tirana.

Culpa

Intentarélo a lo menos.

(Sale la Esposa.)

Esposa

¿Qué ruido se oye en la sala
de la audiencia? ¿Cúyas voces...?

(Sale el Mundo.)

Mundo

¡Mi vida, Señora, ampara!

Esposa

¿Qué es esto?

Mundo

Un casual temor,
que me disculpa el que haya
llegado a tus plantas; bien
que con la gran circunstancia
de que todo este aparato
de leyes y gentes varias
fue solo en fe de que viese
el Mundo puesto a tus plantas.

Príncipe

Dice bien, ese fue el fin:
que por reina te aclamaran.

Todos ¡Viva nuestra reina, viva
con subcesión dilatada!

Unos ¡Qué ventura!

Culpa ¡Qué desdicha!

Otros ¡Qué regocijo!

Culpa ¡Qué rabia!
Aunque libres quedan, queda
para sus hijos mi saña.

Príncipe También habrá para ellos
espléndida mesa franca,
siendo mi carne y mi sangre
su antídoto y su vianda,
que a tu venenosa ira
a nueva salud restaura.

Culpa ¿Qué mesa puede ser ésa?

(Aparece el Santísimo Sacramento.)

Príncipe La que accidentes disfrazan
en aquella hostia, que es
la más tersa, pura y blanca
de mi ser, sagrado erario,
donde me quedo, aunque parta.

Culpa Por no mirarla, iré huyendo
donde mi furor me arrastra

(Vase.)

Príncipe
Y tú, amada esposa, ven
al Alcázar que te aguarda,
dejando para otra pluma
los aplausos de tu entrada.

Esposa
El mayor, para mí, es
ver aliviadas las ansias
de los afligidos.

Príncipe
Ya
veis cumplida mi palabra.

Adán
Siempre la tuve por cierta.

David
Jamás faltó mi esperanza.

Abrahán
Mi fe siempre la creyó.

Justicia
Justicia fue el esperarla.

Misericordia
Misericordia el cumplirla.

Ángel
Pues repitan voces varias...

Mundo
...después de pedir perdón
de los defectos y faltas,

(Solo.)
...El príncipe, que deseado
del cielo por apellido,
por la esposa que ha elegido,
los presos ha libertado,
él de laurel coronado
y ella de triunfante oliva,
reine, goce, triunfe y viva.

Música y Todos

El príncipe, que deseado
del cielo por apellido,
por la esposa que ha elegido,
los presos ha libertado,
él de laurel coronado
y ella de triunfante oliva,
reine, goce, triunfe y viva.

(Con esta repetición de todos y la Música se cierran los carros, y entrándose dentro, y tocando las chirimías, se da fin al auto de El Indulto General.)

Fin

Libros a la carta

A la carta es un servicio especializado para
empresas,
librerías,
bibliotecas,
editoriales
y centros de enseñanza;
y permite confeccionar libros que, por su formato y concepción, sirven a los propósitos más específicos de estas instituciones.

Las empresas nos encargan ediciones personalizadas para marketing editorial o para regalos institucionales. Y los interesados solicitan, a título personal, ediciones antiguas, o no disponibles en el mercado; y las acompañan con notas y comentarios críticos.

Las ediciones tienen como apoyo un libro de estilo con todo tipo de referencias sobre los criterios de tratamiento tipográfico aplicados a nuestros libros que puede ser consultado en Linkgua-ediciones.com.

Linkgua edita por encargo diferentes versiones de una misma obra con distintos tratamientos ortotipográficos (actualizaciones de carácter divulgativo de un clásico, o versiones estrictamente fieles a la edición original de referencia).

Este servicio de ediciones a la carta le permitirá, si usted se dedica a la enseñanza, tener una forma de hacer pública su interpretación de un texto y, sobre una versión digitalizada «base», usted podrá introducir interpretaciones del texto fuente. Es un tópico que los profesores denuncien en clase los desmanes de una edición, o vayan comentando errores de interpretación de un texto y esta es una solución útil a esa necesidad del mundo académico.

Asimismo publicamos de manera sistemática, en un mismo catálogo, tesis doctorales y actas de congresos académicos, que son distribuidas a través de nuestra Web.

El servicio de «libros a la carta» funciona de dos formas.

1. Tenemos un fondo de libros digitalizados que usted puede personalizar en tiradas de al menos cinco ejemplares. Estas personalizaciones pueden ser de todo tipo: añadir notas de clase para uso de un grupo de estudiantes, introducir logos corporativos para uso con fines de marketing empresarial, etc. etc.

2. Buscamos libros descatalogados de otras editoriales y los reeditamos en tiradas cortas a petición de un cliente.

www.ingramcontent.com/pod-product-compliance
Lightning Source LLC
LaVergne TN
LVHW091725160726
843513LV00002B/8

* 9 7 8 8 4 1 1 2 6 0 3 2 9 *